Introducción

¿Sueñas con convertir tu idea de negocio en realidad? ¿Quieres acceder a una amplia gama de productos a precios competitivos para impulsar tu emprendimiento? Si es así, ¡importar de China y el Mundo es la solución perfecta para ti!

En este eBook, te guiaré paso a paso por el proceso de importación de productos de China y otros países de manera fácil y práctica. Aprenderás todo lo que necesitas saber para comenzar, desde la búsqueda de proveedores confiables hasta la gestión del proceso logístico.

Este eBook está dirigido a emprendedores como tú, con o sin experiencia en importaciones. Con mucho o poco capital. Te brindaré las herramientas y el conocimiento necesarios para tomar decisiones informadas y navegar con éxito el complejo mundo de las importaciones.

A lo largo de este eBook, descubrirás:

Las ventajas de importar productos de China y el Mundo.

Cómo encontrar proveedores confiables y negociar precios competitivos.

Los diferentes métodos de envío y los costos asociados.

La documentación y los requisitos legales para importar.

Consejos para evitar errores comunes y minimizar riesgos.

Estrategias para optimizar tu negocio de importación.

Escrito en un tono profesional, informativo y motivador, este eBook te proporcionará la confianza y la motivación que necesitas para convertir tu sueño empresarial en realidad.

¡Prepárate para embarcarte en un apasionante viaje hacia el éxito!

¿Estás listo para comenzar?

¡Sigue leyendo y descubre cómo importar de China y el Mundo de manera fácil y práctica!

MODULO 1

La importancia del comercio internacional

El comercio internacional es el intercambio de bienes y servicios entre países. Es crucial para la economía global por las siguientes razones:

1. Mayor eficiencia: Permite a los países especializarse en la producción de bienes y servicios para los que tienen una ventaja comparativa. Esto conduce a una mayor eficiencia y productividad.

2. Mayor variedad de productos: Los consumidores tienen acceso a una mayor variedad de productos a precios más bajos.

3. Crecimiento económico: El comercio internacional crea empleos y estimula el crecimiento económico.

4. Innovación: La competencia internacional impulsa la innovación y el desarrollo de nuevas tecnologías.

5. Cooperación internacional: El comercio internacional puede fomentar la cooperación entre países y contribuir a la paz y la seguridad mundiales.

Oportunidades en el comercio internacional:

Casos de éxito de emprendedores que importan de China y otros países:

Emprendedores con poco capital:

Ana: Empezó importando pequeños artículos de moda de China y vendiéndolos online. Con el tiempo, pudo abrir su propia tienda física.

Juan: Importó componentes electrónicos de China y los ensambló para crear sus propios productos.

Emprendedores con mucho capital:

Emprendedores con capital que desean desarrollar su propia marca como por ejemplo en: Electrodomésticos, herramientas, vehículos, maquinaría, etc.

Empresas multinacionales: Grandes empresas que importan y exportan productos a gran escala.

Inversionistas: Invierten en empresas extranjeras para acceder a nuevos mercados.

Factores clave para el éxito en la importación:

Investigación de mercado: Es fundamental investigar el mercado objetivo y la competencia.

Selección de proveedores confiables: Es importante encontrar proveedores confiables que puedan ofrecer productos de calidad a precios competitivos.

Logística: Es necesario tener un plan logístico eficiente para transportar los productos desde el proveedor hasta el cliente.

Marketing y ventas: Es necesario desarrollar una estrategia de marketing y ventas efectiva para llegar al público objetivo.

La relación comercial con China:

China es el mayor socio comercial del mundo. La relación comercial entre China y otros países es compleja y está en constante evolución. Algunos de los aspectos importantes de esta relación son:

Comercio bilateral: China exporta productos manufacturados a otros países e importa materias primas y productos agrícolas.

Inversión extranjera directa: China ha realizado importantes inversiones en otros países.

La **Belt and Road Initiative**: Es un proyecto de infraestructura chino que tiene como objetivo mejorar la conectividad entre China y otros países.

Los mitos del comercio internacional:

El comercio internacional es perjudicial para los empleos nacionales: En realidad, el comercio internacional puede crear empleos y estimular el crecimiento económico.

El comercio internacional es solo para grandes empresas: Las pequeñas y medianas empresas también pueden beneficiarse del comercio internacional.

El comercio internacional es una carrera hacia abajo: En realidad, el comercio internacional puede impulsar la innovación y el desarrollo de nuevas tecnologías.

Conclusión

El comercio internacional ofrece muchas oportunidades para emprendedores de todos los tamaños. Sin embargo, es importante tener en cuenta los riesgos y desafíos involucrados antes de embarcarse en cualquier negocio internacional.

Módulo 2

Investigación de Mercado y Selección de Productos

Temas:

La importancia de la investigación de mercado:

La investigación de mercado es un proceso crucial para el éxito de cualquier negocio. Permite comprender las necesidades y preferencias de los clientes, analizar la competencia y el mercado en general, e identificar oportunidades para nuevos productos o servicios.

Beneficios de la investigación de mercado:

Reduce el riesgo de fracaso en el lanzamiento de nuevos productos.

Permite tomar decisiones estratégicas basadas en datos reales.

Ayuda a identificar nichos de mercado sin explotar.

Permite optimizar la inversión en marketing y publicidad.

Herramientas para la investigación de mercado:

Investigación primaria: Recopilación de datos directamente de los consumidores a través de encuestas, entrevistas, grupos focales, etc.

Investigación secundaria: Análisis de datos ya existentes, como informes de mercado, estadísticas gubernamentales, etc.

Análisis FODA: Evaluación de las fortalezas, debilidades, oportunidades y amenazas de la empresa.

Benchmarking: Comparación de la empresa con sus competidores en cuanto a productos, precios, estrategias de marketing, etc.

Pasos para una investigación de mercado exitosa:

Definir los objetivos de la investigación: ¿Qué información se necesita? ¿Para qué se utilizará?

Diseñar el método de investigación: ¿Qué tipo de investigación se utilizará? ¿A quién se entrevistará?

Recopilar los datos: Aplicación de encuestas, entrevistas, etc.

Analizar los datos: Interpretación de los resultados para obtener información útil.

Presentar los resultados: Informe claro y conciso que resume los hallazgos y recomendaciones.

Selección de productos rentables:

Análisis de la demanda: ¿Existe una necesidad o deseo del producto en el mercado?

Análisis de la competencia: ¿Qué productos similares existen? ¿Cuáles son sus fortalezas y debilidades?

Análisis del costo-beneficio: ¿Es rentable producir y vender el producto?

Análisis del ciclo de vida del producto: ¿Cuánto tiempo durará la demanda del producto?

Consejos para seleccionar productos rentables:

Enfócate en nichos de mercado específicos.

Busca productos con un alto margen de beneficio.

Elige productos que sean fáciles de distribuir y vender.

Asegúrate de que el producto tenga un ciclo de vida lo suficientemente largo.

Recursos adicionales:

Kotler, P., & Armstrong, G. (2020). Marketing: Una edición global. Pearson Educación.

Malhotra, N. K. (2019). Investigación de mercados. Pearson Educación.

American Marketing Association (AMA). https://www.ama.org/

Conclusión:

La investigación de mercado es una herramienta fundamental para el éxito de cualquier negocio. Permite tomar decisiones estratégicas basadas en datos reales y aumentar las posibilidades de éxito en el lanzamiento de nuevos productos o servicios.

Módulo 3

Aspectos legales y documentación

Temas:

(*)^i Regulaciones de importación:

Normativa general: Leyes y decretos que regulan el comercio exterior en el país de destino.

Aranceles e impuestos: Tasas que se aplican a los productos importados.

Restricciones y prohibiciones: Productos que no pueden ser importados o que requieren permisos especiales.

Requisitos sanitarios y fitosanitarios: Normas que regulan la importación de productos alimenticios, animales y vegetales.

Documentación requerida:

Factura comercial PI (PROFORMA INVOICE): Detalla la descripción de los productos, el precio, la cantidad y las condiciones de pago.

Packing list: Lista de bultos con su peso, dimensiones y contenido.

Certificado de origen: Documento que acredita el país de origen de los productos.

Otros documentos: Dependiendo del tipo de producto, se pueden requerir permisos especiales, certificados de calidad, etc.

Agentes de aduanas y despacho aduanero:

Agentes de aduanas: Profesionales especializados en el manejo de trámites aduaneros (Es sumamente importante en cualquier proceso de importación o exportación, nos permite calcular realmente los costos y agilizar trámites)

Despacho aduanero: Proceso que se lleva a cabo para la entrada legal de mercancías al país de destino.

Pasos para el despacho aduanero:

Presentación de la documentación: El importador o su agente de aduanas presenta la documentación requerida ante la aduana.

Inspección de la mercancía: La aduana puede inspeccionar la mercancía para verificar que coincida con la documentación presentada.

Liquidación de aranceles e impuestos: El importador debe pagar los aranceles e impuestos correspondientes.

Despacho de la mercancía: Una vez que se han completado todos los trámites, la mercancía puede ser retirada de la aduana.

Consejos para el despacho aduanero:

Contratar a un agente de aduanas experimentado.

Preparar la documentación con cuidado y precisión.

Estar al tanto de las regulaciones vigentes.

Planificar el proceso con anticipación para evitar retrasos.

Recursos adicionales:

Organización Mundial del Comercio (OMC). https://www.wto.org/: https://www.wto.org/

Organización Mundial de Aduanas (OMA). https://www.wcoomd.org/: https://www.wcoomd.org/

Cámara de Comercio Internacional (ICC). https://www.iccwbo.org/: https://www.iccwbo.org/

Conclusión:

El conocimiento de las regulaciones de importación, la documentación requerida y el proceso de despacho aduanero es esencial para el éxito de cualquier operación de comercio exterior. Se recomienda contar con la asesoría de un profesional en la materia para garantizar el cumplimiento de todas las obligaciones legales.

Módulo 4

Proveedores y Negociación

Temas:

Búsqueda de proveedores confiables:

- **Directorios online**: Plataformas que reúnen a proveedores de todo el mundo (Alibaba, Made in China, Trade Korea, Trade India, etc.).

  Ferias comerciales: Eventos donde se pueden conocer proveedores y productos de forma directa (Canton Fair en China, Feria Internacional de Electrónica de Consumo (CES) Se celebra en Las Vegas, Estados Unidos, Feria Internacional de la Alimentación (SIAL) Se celebra en París, Francia. Duas Rodas Brasil (dedicada principalmente a la industria del motociclismo)

- **Recomendaciones:** Consultar con otros importadores o empresas del sector.
- **Sitios web de empresas**: Evaluar la información proporcionada por el proveedor en su sitio web.

Verificación de proveedores:

Solvencia económica: Evaluar la situación financiera del proveedor.

- **Reputación**: Buscar referencias y opiniones de otros clientes.
- **Experiencia**: Evaluar la trayectoria del proveedor en el mercado.
- **Capacidad de producción**: Asegurar que el proveedor puede cumplir con la demanda.

Negociación de precios:

- Investigación de mercado: Conocer los precios del mercado para el producto en cuestión.

- Establecer un objetivo de precio: Definir el precio mínimo aceptable.

- Preparar argumentos: Justificar el precio objetivo con base en datos y análisis.

- Ser flexible: Estar dispuesto a negociar y llegar a un acuerdo beneficioso para ambas partes.

Negociación de términos:

- Condiciones de pago: Definir la forma y plazo de pago.

- Cantidad mínima de pedido: Acordar la cantidad mínima de producto que se debe comprar.

- Plazos de entrega: Establecer los plazos de entrega y las responsabilidades en caso de retrasos.

- Garantías: Negociar las garantías sobre la calidad del producto.

Consejos para la negociación:

- Preparación: Investigar y conocer el mercado, el producto y el proveedor.

- Planificación: Definir objetivos y estrategias de negociación.

- Comunicación efectiva: Ser claro, conciso y profesional en la comunicación.

- Flexibilidad: Estar dispuesto a ceder en algunos puntos para llegar a un acuerdo.

- Paciencia: La negociación puede ser un proceso largo y complejo.

Recursos adicionales:

- International Trade Centre
  (ITC). https://www.intracen.org/: https://www.intracen.org/: https://www.intracen.org/: https://www.intracen.org/

- Organización Mundial del Comercio
  (OMC). https://www.wto.org/: https://www.wto.org/: https://www.wto.org/: https://www.wto.org/

- Cámara de Comercio Internacional
(ICC). https://www.iccwbo.org/: https://www.iccwbo.org/: https://www.iccwbo.org/: https://www.iccwbo.org/

Módulo 5

Logística y transporte

Temas:

Opciones de transporte:

- Transporte marítimo: El modo de transporte más común para importaciones. Es una opción económica para grandes volúmenes de carga, pero tiene tiempos de tránsito más largos.

Transporte marítimo

- Transporte aéreo: Es la opción más rápida para importaciones, pero también la más costosa. Se utiliza generalmente para envíos urgentes o de alto valor.

Transporte aéreo

- Transporte terrestre: Se utiliza para importaciones desde países vecinos. Puede ser una opción más económica que el transporte aéreo para envíos de mediano a largo plazo.

Transporte terrestre

- Transporte ferroviario: Una opción viable para importaciones desde países con una red ferroviaria bien desarrollada. Puede ser más económico que el transporte terrestre para grandes volúmenes de carga.

Transporte ferroviario

Costos de transporte:

- Flete: El costo de transportar la carga desde el punto de origen hasta el destino.

- Aranceles e impuestos: Impuestos que se aplican a las mercancías importadas.

- Tasas de seguro: El costo de asegurar la carga contra pérdida o daño durante el transporte.

- Otros costos: Costos de manipulación, almacenamiento y documentación.

Tiempo de tránsito:

- El tiempo que tarda la carga en llegar desde el punto de origen hasta el destino.
- Depende del modo de transporte elegido, la distancia a recorrer y las condiciones climáticas.

- Seguros de transporte:

- Protege la carga contra pérdida o daño durante el transporte.
- Se puede contratar un seguro para cubrir el valor total de la carga o solo una parte.
- Es importante leer la póliza del seguro cuidadosamente antes de contratarla.

Consejos para la logística y el transporte de importaciones:

- Planificar con anticipación: Es importante planificar la logística del transporte con anticipación para evitar retrasos y costos adicionales.
- Comparar opciones: Compare las diferentes opciones de transporte en términos de costo, tiempo de tránsito y confiabilidad.
- Elegir la opción adecuada: Elija la opción de transporte que mejor se adapte a sus necesidades.
- Contratar un seguro: Contrate un seguro para proteger su carga contra pérdida o daño.
- Trabajar con un agente de aduanas: Un agente de aduanas puede ayudarlo a navegar por el proceso de despacho de aduana.

Al elegir la opción de transporte adecuada y planificar la logística con anticipación, puede ahorrar dinero y evitar retrasos en sus importaciones.

Módulo 6

Importación exitosa

Temas:

Preparación:

Investigación de mercado: Investigar el mercado objetivo para identificar oportunidades de importación.

Selección de proveedores: Seleccionar proveedores confiables que puedan ofrecer productos de calidad a precios competitivos.

Negociación: Negociar precios y condiciones de pago favorables con los proveedores.

Logística: Planificar la logística del transporte y el despacho de aduana.

Ejecución:

Realización del pedido: Realizar el pedido al proveedor y confirmar los detalles de la transacción.

Pago: Realizar el pago al proveedor de acuerdo con las condiciones de pago negociadas.

Seguimiento del envío: Seguimiento del envío hasta su llegada al destino.

Despacho de aduana: Presentar la documentación necesaria para el despacho de aduana.

Seguimiento:

Inspección de la mercancía: Inspeccionar la mercancía para verificar que esté en buen estado y que coincida con la descripción del pedido.

Evaluación del proceso: Evaluar el proceso de importación para identificar áreas de mejora.

Realimentación: Brindar retroalimentación al proveedor sobre la calidad del producto y el servicio.

Conclusión:

La importación exitosa requiere una planificación cuidadosa, una ejecución eficiente y un seguimiento continuo. Al seguir los pasos descritos en este módulo, puede aumentar sus posibilidades de éxito en el negocio de la importación.

Resumen:

La importancia de la investigación de mercado y la selección de proveedores confiables.

La necesidad de negociar precios y condiciones de pago favorables.

La importancia de planificar la logística del transporte y el despacho de aduana.

La necesidad de inspeccionar la mercancía y evaluar el proceso de importación.

Motivación para que los lectores tomen acción:

El negocio de la importación puede ser una oportunidad lucrativa para las empresas que están dispuestas a invertir tiempo y esfuerzo. Al seguir los consejos de este libro electrónico, puede aumentar sus posibilidades de éxito y alcanzar sus objetivos comerciales.

Recursos adicionales:

Libros y artículos:

"The Import-Export Business: A Complete Guide to Starting and Running a Profitable Import-Export Business" by Bruce J. Berman

"Import & Export: A Practical Guide to International Trade" by Michael J. Minor

"The International Trade Desk Reference" by Gary Clyde Hufbauer, Jeffrey J. Schott, and Kimberly Ann Elliott

Eventos y conferencias:

"Feria Internacional de Importaciones y Exportaciones de China" (Canton Fair)

"Semana del Comercio Exterior" organizada por la Cámara de Comercio de Estados Unidos

Organizaciones profesionales:

Asociación Nacional de Comercio Exterior (NACE)

Federación de Cámaras de Comercio de Estados Unidos (USCC)

Al aprovechar estos recursos, puede obtener más información sobre el negocio de la importación y desarrollar las habilidades necesarias para tener éxito. Además, ten en cuenta la importancia de vincularte a la Asociación de Importadores de tú país.

(*) Determinar el producto e inmediatamente contactar al Agente de Aduanas o Despachante para conocer tasas y regulaciones

BONUS I

La importancia de registrar una marca propia

Tu marca es tu identidad. Es lo que te diferencia de la competencia y te permite conectar con tus clientes a un nivel más profundo. Por eso es fundamental registrar tu marca para protegerla y asegurarte de que nadie más pueda usarla.

Al registrar tu marca, obtienes los siguientes beneficios:

Protección legal: Tienes el derecho exclusivo de usar tu marca en el territorio donde la hayas registrado. Esto significa que puedes impedir que otras personas la utilicen sin tu permiso.
Ventaja competitiva: Una marca registrada te da una ventaja sobre la competencia, ya que te permite diferenciarte y posicionarte como un negocio serio y profesional.
Valor de marca: Una marca registrada puede aumentar el valor de tu negocio, ya que se convierte en un activo intangible.
Elementos a tener en cuenta al elegir una marca:

Nombre: El nombre de tu marca debe ser fácil de recordar, pronunciar y escribir. También debe ser relevante para tu negocio y los productos o servicios que ofreces.
Logo: El logo de tu marca debe ser visualmente atractivo y memorable. También debe ser coherente con el nombre de tu marca y la imagen que deseas proyectar.
Fonética: Es importante que el nombre de tu marca suene bien cuando se pronuncia en voz alta. Evita nombres que sean difíciles de pronunciar o que puedan tener significados negativos en otros idiomas.
Consejos para elegir una marca:

Investiga: Antes de elegir una marca, investiga si ya está registrada por otra persona.
Haz una lluvia de ideas: Reúne a un grupo de personas y haz una lluvia de ideas para generar posibles nombres y logos.
Solicita la opinión de otros: Pide a tus amigos, familiares y clientes que te den su opinión sobre las marcas que estás considerando.
Consulta con un abogado: Un abogado especializado en marcas puede ayudarte a elegir una marca que sea adecuada para tu negocio y te proteja legalmente.
Conclusión

Registrar tu marca es una inversión importante para tu negocio. Te ayudará a proteger tu identidad, diferenciarte de la competencia y aumentar el valor de tu empresa.

¡No lo dudes más! Registra tu marca hoy mismo.

Deseo poder resolver tus dudas e inquietudes para ello, recuerda suscribirte a nuestro grupo de Whatsapp +59899449084, donde iremos resolviendo de uno en uno los inconvenientes que se te pudieran presentar

Glosario de términos comerciales (con sus nombres en inglés):

LOI (Letter of Intent): Carta de intenciones. Es un documento elaborado por el comprador y enviado al vendedor como una promesa de interés real en su producto.

DRAFT: Proyecto. Es un borrador de un documento que aún no está finalizado.

BCL (Bank Comfort Letter): Carta de garantía bancaria. Es un documento emitido por un banco que confirma que el comprador tiene una línea de crédito disponible para financiar la transacción.

ICPO (Irrevocable Corporate Purchase Order): Comisión de orden de pago irrevocable. Es un documento que garantiza que el comprador tiene los fondos disponibles para comprar el producto o commodity.

SOFT OFFER: Carta de oferta suave. Es un documento elaborado por el vendedor y enviado al comprador en respuesta a su LOI.

FCO (Full Corporate Offer): Oferta completa de la empresa proveedora. Es un documento que contiene todos los detalles de la oferta del vendedor, incluyendo el precio, la cantidad, los términos de pago y la fecha de entrega.

IMPFA - NCNDA: Acuerdo de confidencialidad mutua e intercambio de información privilegiada. Es un documento que establece las condiciones bajo las cuales las partes pueden compartir información confidencial.

LC/LOC (Letter of Credit): Carta de crédito. Es un documento emitido por un banco que garantiza el pago al vendedor si el comprador no cumple con sus obligaciones.

PI (Proforma Invoice): Factura proforma. Es un documento que contiene los detalles de una transacción comercial, como el precio, la cantidad, los términos de pago y la fecha de entrega.

BL (Bill of Lading): Conocimiento de embarque. Es un documento que acredita la recepción de mercancías para su transporte.

Información adicional:

- Todos estos documentos son estrictamente confidenciales y no pueden ser modificados sin el consentimiento por escrito de las partes involucradas.
- Los intermediarios, corredores y comerciantes no pueden cambiar la información contenida en estos documentos sin el consentimiento por escrito de las partes involucradas.

Ejemplo de uso:

- Un comprador potencial envía una LOI a un vendedor para expresar su interés en comprar un producto.
- El vendedor responde a la LOI con un SOFT OFFER que contiene los detalles de la oferta.
- El comprador solicita una BCL a su banco para confirmar que tiene los fondos disponibles para financiar la transacción.
- El comprador envía la BCL al vendedor junto con un ICPO.
- El vendedor revisa la BCL y el ICPO y, si está satisfecho, envía un FCO al comprador.
- El comprador y el vendedor firman el FCO y la transacción se completa.

Explicación de PI y BL:

PI (Proforma Invoice):

Una factura proforma es un documento que proporciona información sobre una transacción comercial. Se utiliza para proporcionar al comprador una estimación del precio de los bienes o servicios que se comprarán. La factura proforma no es un documento de cobro y no se puede utilizar para realizar un pago.

BL (Bill of Lading):

Un conocimiento de embarque es un documento que acredita la recepción de mercancías para su transporte. El conocimiento de embarque es un contrato entre el transportista y el cargador. El transportista se compromete a transportar las mercancías de forma segura y el cargador se compromete a pagar el flete.

La importancia de los términos utilizados en el Comercio Internacional

Introducción

Los términos utilizados en el Comercio Internacional son esenciales para las transacciones comerciales entre empresas de diferentes países. Estos términos definen las responsabilidades y obligaciones de las partes involucradas en una transacción, y ayudan a evitar confusiones y conflictos.

En el contexto de las transacciones comerciales internacionales, los términos utilizados son de vital importancia. Estos términos definen los derechos y obligaciones de las partes involucradas en una transacción, y ayudan a garantizar que la transacción se lleve a cabo de manera justa y equitativa para todos los participantes.

Desarrollo

Por ejemplo, si dos empresas de diferentes países se asocian para participar en una licitación pública, es importante que suscriban un contrato de confidencialidad y comisiones. Este contrato asegurará que ambas empresas se beneficien de la transacción, independientemente de quién gane la licitación.

En este caso, la empresa que no cuenta con el capital necesario para participar en la licitación puede confiar en que su socio comercial la representará de manera adecuada. El contrato de confidencialidad y comisiones garantizará que la empresa que no cuenta con el capital reciba su parte de las ganancias, independientemente de quién gane la licitación.

Conclusión

Los términos utilizados en el Comercio Internacional son esenciales para garantizar que las transacciones comerciales internacionales se lleven a cabo de manera exitosa y eficiente. Es importante conocer estos términos y comprender su significado para poder participar de manera efectiva en el comercio internacional.

IMPORTANTE

Con casi tres décadas de experiencia en el ámbito del Comercio Internacional, hemos consolidado una extensa red de Agentes Aduaneros, Empresas de Logística y Verificadores en los cinco continentes. Si te surgen inquietudes relacionadas con tu proceso de importación, proveedores o logística, no dudes en ponerte en contacto con nosotros. Puedes escribirnos a través de nuestro correo electrónico: importardechinayelmundo@gmail.com o comunicarte por WhatsApp al número +59899449084. Estamos aquí para brindarte asesoramiento y soluciones personalizadas.

www.ingramcontent.com/pod-product-compliance
Lightning Source LLC
LaVergne TN
LVHW081808050326
832903LV00027B/2151